Konrad Eismann

Mass Customization als innovativer Ansatz in der Produktpolitik

GRIN Verlag

Bibliografische Information der Deutschen Nationalbibliothek:

Die Deutsche Bibliothek verzeichnet diese Publikation in der Deutschen National-
bibliografie; detaillierte bibliografische Daten sind im Internet über http://dnb.d-
nb.de/ abrufbar.

Impressum:

Copyright © 2010 GRIN Verlag, Open Publishing GmbH
Druck und Bindung: Books on Demand GmbH, Norderstedt Germany
ISBN: 978-3-640-85044-0

Dieses Buch bei GRIN:

http://www.grin.com/de/e-book/168127/mass-customization-als-innovativer-ansatz-
in-der-produktpolitik

GRIN - Your knowledge has value

Der GRIN Verlag publiziert seit 1998 wissenschaftliche Arbeiten von Studenten, Hochschullehrern und anderen Akademikern als eBook und gedrucktes Buch. Die Verlagswebsite www.grin.com ist die ideale Plattform zur Veröffentlichung von Hausarbeiten, Abschlussarbeiten, wissenschaftlichen Aufsätzen, Dissertationen und Fachbüchern.

Besuchen Sie uns im Internet:

http://www.grin.com/

http://www.facebook.com/grincom

http://www.twitter.com/grin_com

Fachhochschule Erfurt

Wirtschaftswissenschaften

Sommersemester 2010 „Operatives Marketingmanagement"

Hausarbeit

„Mass Customization als innovativer Ansatz in der Produktpolitik"

Konrad Eismann

Inhaltsverzeichnis

Abbildungsverzeichnis

1 Einleitung

Exakt 16.741.604.880 verschiedene Tafeln Schokolade, die mit einer Produktionskapazität von bis zu 4000 Stück pro Tag hergestellt werden können, bietet das Berliner Unternehmen Chocri in ihrem Onlineshop an. Bei diesen Zahlen denkt man gleich an riesige Produktions- und Lagerhallen in denen Schokolade massenhaft gefertigt wird. Aber genau das Gegenteil ist hier der Fall. Jede Tafel ist reine Handarbeit und wird speziell nach den Kundenwünschen produziert. Mass Customization ist die Bezeichnung für das Geschäftskonzept des Berliner Start Up Unternehmens, welches mit dem Slogan „Individuelle Schokolade ganz nach deinem Geschmack" die Kunden animiert sich im Onlineshop eine Schokolade mit ausgefallenen Zutaten zu kreieren.[1] Diesen Trend zur Individualisierung haben mittlerweile immer mehr Unternehmen erkannt und bieten personalisierte, kundenspezifische Produkte und Leistungen an.[2] Die Möglichkeiten des Mass Customization Konzeptes sind scheinbar unbegrenzt, und man findet in nahezu allen Branchen Beispiele für kundenspezifische Produktion. Begonnen wird der Tag mit einer Tasse individuellen Kaffee von „mybeans" und einem Müsli von „mymuesli", selbstverständlich ist das Geschirr mit Bildern der Kinder und der letzten Urlaubsreise bedruckt. Die Kleidung ist ebenfalls ein Einzelstück von „spreadshirt" und das Auto mit dem man zur Arbeit fährt ist mit zahlreichen Extras nach Wunsch ausgestattet. Im Büro angekommen, kommt dann der PC von „Dell" mit der firmenspezifischen Software zum Einsatz, während man sich mit den Kollegen noch eine Tafel Schokolade mit ausgefallenen Zutaten wie Ingwer und Schnittlauchröllchen von „Chocri" teilt. Auch die Teemischung von „allmytea" am Nachmittag wurde selber kreiert und das Abendessen wird einmalig durch Brot von „meinebackstube" und Wurst von „Wurstmixx".

Für die Anbieter stellt diese kundenspezifische Leistungserstellung eine wichtige Differenzierungsmöglichkeit dar um den wachsende Kundenwünschen und der steigenden Komplexität und Dynamik der Unternehmensumwelt gerecht zu werden.[3] Der Firmenname des Anbieters für individuellen Tee „allmytea" verdeutlicht diese Ausrichtung auf die Kundenwünsche, weil dieser ausgesprochen klingt wie „almighty", zu Deutsch allmächtig.

Diese Hausarbeit liefert einen Überblick über die Entstehung der Mass Customization, die verschiedenen Formen des Konzeptes und die daraus resultierenden Vor- und Nachteile aus Kunden- und Unternehmersicht.

---

[1] Vgl. Tönnesmann (2009)
[2] Vgl. Wirth (2009)
[3] Vgl. Piller (2000), S 92ff.

2 Begriffliche Grundlagen

Als Grundlage der weiteren Diskussion wird zunächst das Aufgabenfeld der Produktpolitik und der Begriff der Mass Customization erörtert, da die genaue und unmissverständliche Bestimmung dieser Begriffe für das Verständnis der Vorgehensweise bzw. für die Umsetzung des Mass Customization Konzeptes grundlegend sind.

2.1 Produktpolitik

Die Grundlage unternehmerischen Handelns besteht in erster Linie in der Lösung von Kundenproblemen. Dieser marketing-spezifische Ansatz der Produktgestaltung bedeutet, dass nicht die Produkttechnik im Vordergrund steht, sondern als Erstes der kunden- bzw. zielgruppenspezifische Produktnutzen.[4] Deshalb nimmt die Produkt- und Programmpolitik eine exponierte Stellung ein und wird auch als „Herz des Marketing" bezeichnet. Aus markt- und kompetenzbasierter Sicht beinhaltet die Produktpolitik alle Entscheidungstatbestände, die sich auf die Gestaltung der von Unternehmen im Absatzmarkt anzubietenden Leistungen beziehen.[5] Generell gibt es keine Produktleistung, die sich nicht noch verbessern lässt. Dies begründet auch den hohen Stellenwert der Produktinnovationen für Unternehmen. Häufig wird in diesem Zusammenhang auch von einer Innovationsnotwendigkeit gesprochen, um die Wettbewerbsfähigkeit und den Erfolg des Unternehmens zu sichern.[6]

2.2 Mass Customization

Der Anglizismus Mass Customization besteht aus den beiden Wörtern „Mass", welches für Massenproduktion steht und „Customization", was kundenspezifisch oder individuell bedeutet. Wenn man auf der einen Seite an eine Massenproduktion wie beispielsweise die Automobilindustrie denkt und auf der anderen Seite an eine kundenspezifische Produktion, wie die Anfertigung eines Maßanzugs, lassen sich diese beiden Fertigungsverfahren auf den ersten Blick nicht miteinander vereinbaren. Diese Zusammenstellung zweier sich widersprechender Begriffe wird auch als Oxymoron bezeichnet.[7] Mass Customization verbindet die Vorteile der Massenproduktion wie die Ausnutzung der positiven Economies of Scale für niedrigere Stückkosten eines Produktes oder einer Dienstleistung und die Automatisierung der Produktion mit den Vorzügen einer kundenspezifischen Produktion, der

---

[4] Vgl. Becker (2006) S.491
[5] Vgl. Meffert (2008) S.397
[6] Vgl. Meffert (2008) S.408
[7] Vgl. Duden (1990), Fremdwörterbuch S.562

Economies of Scope (Diversifikationsvorteilen). Abbildung 1 zeigt den Regelkreis der Kundenindividuellen Massenfertigung unter Einbeziehung von neuen Produktions- und Verfahrenstechnologien um dem Wunsch der Kunden nach Individualisierung gerecht zu werden.[8] [9]

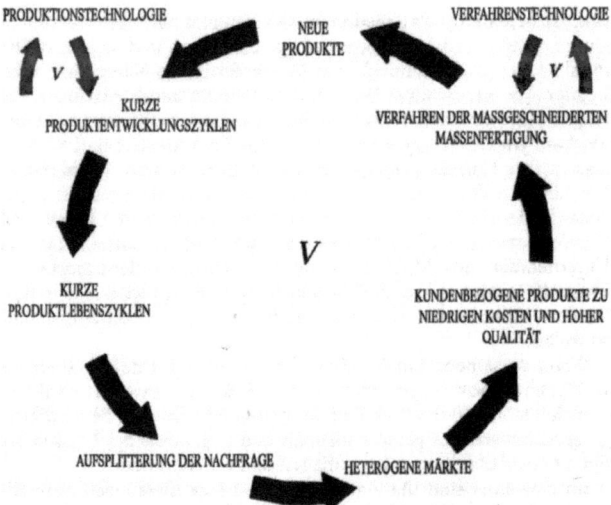

Abbildung 1: Das neue Paradigma der maßgeschneiderten Massenfertigung als dynamischer Systemregelkreis
Quelle: Pine (1994), Maßgeschneiderte Massenfertigung – Neue Dimensionen im Wettbewerb, Boston.

Prof. Dr. Frank Piller von der Rheinisch-Westfälischen Technischen Hochschule Aachen (RWTH), als Experte für Mass Customization, Open Innovation und Kundenintegration definiert dies wie folgt: „Mass Customization ist die Produktion von Gütern und Leistungen für einen (relativ) großen Absatzmarkt, welche die unterschiedlichen Bedürfnisse jedes einzelnen Nachfragers dieser Produkte treffen, zu Kosten, die ungefähr denen einer massenhaften Fertigung eines zugrunde liegenden Standartprodukts entsprechen. Die Informationen, die im Zuge des Individualisierungsprozesses erhoben werden, dienen dem Aufbau einer dauerhaften, individuellen Beziehung zu jedem Abnehmer."[10]

---

[8] Vgl. Oberhofer (2010)
[9] Vgl. Pine (1994), S.79ff.
[10] Piller (2000), S. 206

3 Ziele des Mass Customization Konzeptes

Als primäres Ziel der Mass Customization ist die Gewinnmaximierung der Unternehmen anzuführen, welche hier durch eine besondere Kundenorientierung erreicht wird. Voraussetzung dafür ist die Produktion von Gütern und Leistungen in ausreichender Vielfalt und Kundenbezogenheit, damit sämtliche Kundenwünsche befriedigt werden und somit eine Vielzahl von Nischenprodukten angeboten werden kann. Diese Güter und Leistungen müssen trotz Individualität zu geringen Kosten hergestellt werden, damit diese im Verkauf zu erschwinglichen Preisen, die vergleichbaren Standartprodukten entsprechen, angeboten werden können. Auf dieser Grundlage kann dann ein möglichst großer Markt für kundenspezifische Güter und Leistungen angesprochen werden.[11] Joseph Pine beschreibt dies als umgekehrten Regelkreis der Massenfertigung. Ein Unternehmen, das die individuellen Bedürfnisse seiner Kunden besser befriedigt als die relevante Konkurrenz, kann dadurch höhere Absätze generieren. Durch höhere Absätze und daraus resultierende Gewinne kann das Unternehmen noch mehr Vielfalt und Kundenbezogenheit liefern, was den Markt weiter aufteilt. Weil das Unternehmen dadurch seine Mitbewerber an Vielfalt und Kundenbezogenheit übertrifft, gestattet ihm die Marktaufteilung noch weiter, die individuellen Wünsche und Bedürfnisse seiner Kunden zu befriedigen und so weiter.[12] Zusammenfassend sind die Ziele der Mass Customization die Produktion von kundenorientierten Problemlösungen unter Ausnutzung der Kostenvorteile einer prozessorientierten Massenfertigung und zusätzlich die langfristige Kundenbindung.[13]

4 Das Mass Customization Konzept

Das folgende Kapitel gibt einen kurzen historischen Überblick zur Entwicklung des Mass Customization Konzeptes, geht dann auf den Long Tail Effekt als eine der Grundlagen von Mass Customization ein und beschreibt die unterschiedlichen Formen und Ausprägungen.

4.1 Historischer Bezug

In der Wirtschaftsgeschichte ist das heutige System der Massenfertigung relativ neu. Jahrhunderte lang beruhte die wirtschaftliche Produktion auf der Leistung der Handwerker. Alles wurde quasi in Einzelfertigung mit den erforderlichen Materialien und den wichtigen Fähigkeiten der Handwerker hergestellt. Im Zuge der industriellen Revolution wurden die

---

[11] Vgl. Piller (2000), S. 206ff.
[12] Vgl. Pine (1994), S. 79
[13] Vgl. Becker (2006), S.686

Handwerkzeuge generell durch Maschinen und Mechanisierung ersetzt. Diese Maschinen und neuen Verfahren sollten die Fertigkeit des Handwerkers vergrößern und dem Handwerker gestatten, seine Kenntnisse noch effizienter einsetzen zu können. Die spätere Massenfertigung basierte aber auf einem anderen Prinzip. Diese hatte als Leitprinzip die Kosten in der Produktion stark zu senken und die zur Herstellung benötigten menschlichen Fähigkeiten durch Maschinen zu ersetzen.[14]

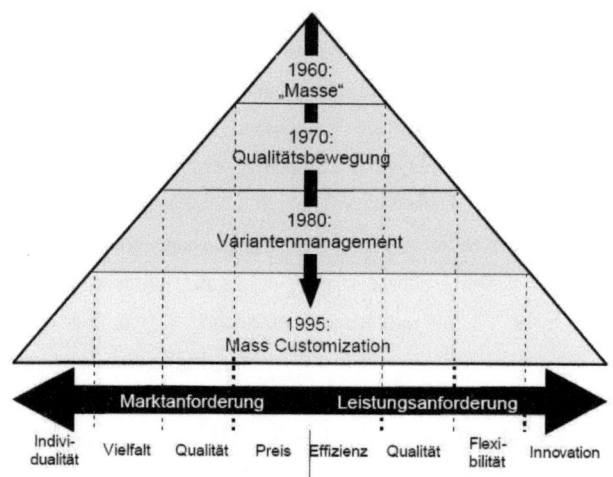

Abbildung 2: Entwicklung der Mass Customization
Quelle: http://www.mass-customization.de/download/pil2002-9.pdf, 26.05.2010

Das Konzept der Mass Customization wird häufig als neue Stufe in der Evolutionsgeschichte der Fertigung gesehen. Nach der oben beschriebenen Handwerklichen Fertigung, den Manufakturen, der industriellen Massenproduktion und schließlich der variantenreichen flexiblen Produktion steht Mass Customization mit der maximalen Individualität an der Spitze der Produktionsverfahren.[15] Häufig wird heute auch vom Wandel in der Produktion gesprochen, welcher sicher durch den derzeitigen Anstieg der Mass Customization Unternehmen, was wiederum auf die neuen Möglichkeiten des Web 2.0 zurück zuführen ist, begünstigt wird.[16] Das dieses Konzept aber nicht erst durch die neuen Möglichkeiten des Internets entstanden ist lässt sich beispielsweise an dem Unternehmen Dolzer Maßkonfektionäre verdeutlichen.

---

[14] Vgl. Pine (1994), S. 35
[15] Vgl. Piller (2000), S.200
[16] Vgl. o.V. (2009),Wandel der Großkonzerne

Abbildung 3: Logo Dolzer Maßkonfektionäre
Quelle: http://www.dolzer.com, 01.06.2010

Bereits seit 1963 praktiziert dieses Unternehmen Mass Customization ohne den Anglizismus zu kennen. Der Name „Maßkonfektionäre" besteht aus den Wörtern „Maß" für eine Maßanfertigung und „Konfektion" für die serienmäßige Herstellung von Kleidung. Dolzer besetzte mit einem Trick die Lücke zwischen Maßschneiderei und Konfektion. Durch die Modellierung von festen Schnittmodellen, ließ sich eine Kostenersparnis gegenüber der Einzelfertigung erzeugen. Die Anzüge bei Dolzer werden nicht jedes Mal neu geschneidert, es werden lediglich die bestehenden Schnittmodelle an die Maße des Kunden angepasst. Der Kunde genießt trotzdem die Vorzüge einer Maßanfertigung und wird von Kopf bis Fuß vermessen. Diese Vereinfachung in der Produktion wirkt sich dann auf die Preise der Kleidung aus, welche deutlich günstiger sind als eine reine Maßanfertigung. Die digitale Schnittmaschine schneidet die Stoffteile aus und Näherinnen setzen die Teile preiswert zusammen. Somit wird Individualität vom Fließband erzeugt.[17]

Der Begriff „Mass Customization" wurde 1987 erstmals von *Davis* mit folgender Formulierung[18]: „Mass Customization of markets means that the same large number of customers can be reached as in mass markets of industrial economy, and simultaneously they can be treated individually as in the customized markets of pre-industrial economies"[19] geprägt.

4.2 Long Tail

Der Begriff "Long Tail" wurde von Chris Anderson, dem Chefredakteur des amerikanischen Technologiemagazins „Wired", geprägt. Dieser beschreibt, das sich die Unternehmen nicht wie früher nur an einer relativ kleinen Anzahl von Hits (Produkte und Märkte für die breite Masse) an der Spitze der Nachfragekurve orientieren, sondern auch gezielt auf eine Vielzahl von Nischen zugehen. Diese Nischenprodukte und – märkte können ohne ökonomische

---

[17] Vgl. Wirth (2009)
[18] Vgl. Piller (2000), S. 201
[19] Davis (1987), S.169

Beschränkungen, wie Regalfläche und Logistikengpässe wirtschaftlich so attraktiv sein wie die Produkte für den Massenmarkt.[20]

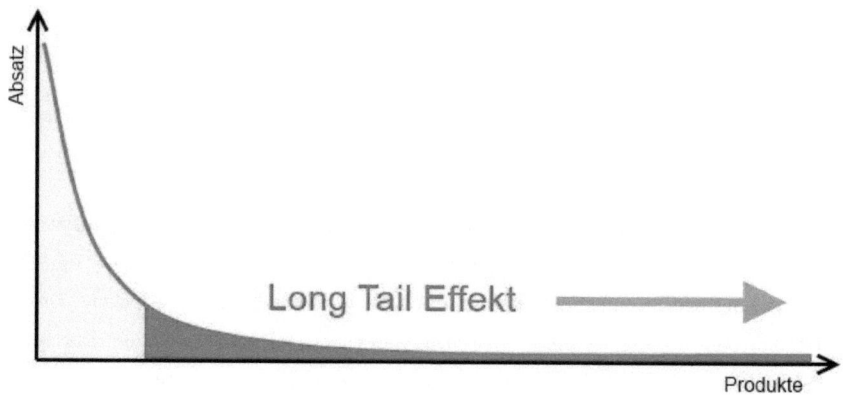

Abbildung 4: Der Long Tail Effekt
Quelle: nach Anderson (2009), The Long Tail – Nischenprodukte statt Massenmarkt

An dem schon eingangs erwähnten Unternehmen Chocri, welches individuelle Schokoladen herstellt und über 10 Milliarden Variationen anbietet[21], wird der Long Tail Effekt sichtbar. An der Abszisse werden die angebotenen Produkte und an der Ordinate deren Absatz gemessen. Nach eigenen Angaben verkauft das Unternehmen täglich ca. 600 Tafeln Schokolade und fertigt fast ausschließlich nur Unikate. Selbst die beliebteste Tafel – Vollmilch mit gebrannten Mandeln- wurde bisher nur rund 150-mal verkauft. Die Nischenprodukte, die hier nur einmal verkauft werden, sorgen zusammengefasst für den größten Teil des Umsatzes bei Chocri. Das Unternehmen zieht sozusagen einen „langen Schwanz" aus Nischenprodukten hinter sich her.[22]

4.3 Formen

Die praktische Umsetzung der Logik der Mass Customization geschieht anhand verschiedener Konzeptionen, die auf jeweils unterschiedlichem Wege die Wertschöpfungskette der Mass Customization konkretisieren. Als Unterscheidungsmerkmal wird häufig der Zeitpunkt angeführt wo der Kunde in den Wertschöpfungsprozess integriert wird.[23] Das Mass Customization Konzept lässt sich in Soft- und Hard Customization mit jeweils weiteren

---

[20] Anderson (2009), S.61
[21] http://www.chocri.de
[22] Tönnesmann (2009)
[23] Vgl. Piller (2002), S. 19

Unterkategorien unterteilen. Die strikte Abgrenzung der Unterkategorien kann jedoch nicht immer eindeutig vorgenommen werden, da die Übergänge hier eher fließend sind und oftmals auch Mischformen existieren.

Konzeptionen der Mass Customization	
Soft Customization: *Kein Eingriff in die Fertigung, Vollzug der Individualisierung außerhalb des Unternehmens*	**Hard Customization:** *Varietät basiert auf Aktivitäten der Fertigung, Änderung der internen Funktionen notwendig*
Selbstindividualisierung Konstruktion und Fertigung standardisierter Produkte mit eingebauter Flexibilität, die vom Kunden selbst angepaßt werden	**Individuelle End- / Vorproduktion mit standardisierter Restfertigung** Entweder die ersten (Materialverarbeitung) oder die letzten Wertschöpfungsschritte (Montage, Veredelung) werden kundenindividuell durchgeführt, alle anderen standardisiert
Individuelle Endfertigung im Handel/Vertrieb Auslieferung eines einheitlichen Rohprodukts, das im Handel nach Kundenwunsch vollendet wird	**Modularisierung nach Baukastenprinzip** Erstellung kundenspezifischer Produkte aus standardisierten kompatiblen Bauteilen
Serviceindividualisierung Ergänzung von Standardprodukten um individuelle sekundäre Dienstleistungen	**Massenhafte Fertigung von Unikaten** Individuelle Leistungserstellung über ganze Wertkette durch standardisierte Prozesse

(rechts vertikal: Umfang kundenindividueller Wertschöpfungsstufen)

Abbildung 5: Konzeptionen der Mass Customization
Quelle: Piller (2000), Ein wettbewerbsstrategisches Konzept im Informationszeitalter

4.3.1 Soft Customization

Soft Customization, auch offene Individualisierung genannt, beruht lediglich auf den Aktivitäten der Forschung und Entwicklung, Konstruktion und Vertrieb. Es werden meist große Stückzahlen mit einer eingebauten Möglichkeit zur Individualisierung produziert. Die offene Individualisierung kann auch als Vorstufe der Mass Customization bezeichnet werden, da der wichtige Aspekt der langfristigen Kundenbindung hier entfällt.[24]

Bei der **Selbstindividualisierung** wird die Leistung soweit standardisiert, dass der Kunde nach dem Kauf selbst die Möglichkeit hat das Produkt nach seinen Wünschen zu individualisieren.[25] Ein eindeutiges Beispiel für die Selbstindividualisierung ist die Programmierung von Standardsoftware, welche dann selbst angepasst werden kann.
Die Buchhaltungssoftware „Büro Easy" des Herstellers Lexware wird standardisiert vertrieben und kann dann individuell konfiguriert werden und spezifisch auf die Eigenschaften des Unternehmens abgestimmt werden. Dabei ist lediglich das Grundgerüst der Software fixiert und alle anderen Parameter lassen sich variieren.

---

[24] Vgl. Piller (2000), S.250
[25] Vgl. Piller (2002), S.19

Abbildung 6: Lexware „Büro Easy" Standardsoftware für Unternehmen
Quelle: http://www.lexware.de

Bei der Unterkategorie der **individuellen Endfertigung im Handel/ Vertrieb** werden die Abnehmerwünsche erst unmittelbar bei der Auslieferung oder dem Verkauf des Produktes umgesetzt. Das Grundprodukt wird zentral produziert und die zu variierenden Leistungsbestandteile werden dezentral am Verkaufsort unter direkter Einbeziehung des Kunden gefertigt bzw. vollendet.[26] Ein Beispiel für die individuelle Endfertigung im Handel könnte der Kauf einer Brille mit Sehstärke sein. Das Modell wird zentral und standardisiert gefertigt und erst am Verkaufsort werden die Gläser an die jeweilige Sehstärke angepasst, gegebenenfalls entspiegelt und anschließend eingebaut. Somit wird das Grundprodukt erst im Handel bzw. beim Vertrieb fertig gestellt und individualisiert.

Die **Serviceindividualisierung** beschreibt die Ergänzung von Standartprodukten um individuelle Sekundärleistungen. Obwohl hier kein ausführlicher Dialog zwischen Hersteller und Abnehmer vor der Fertigung des Produktes besteht, erfolgt dieser meist nach der Produktion und vor der Auslieferung des Produktes.[27] Ein einfaches Beispiel für die Serviceindividualisierung ist der Onlineshop „deinSekt.de". Dieses Unternehmen bietet eine Auswahl von verschiedenen standardisierten Sorten Sekt an. Als Serviceindividualisierung kann der Kunde sich ein individuelles Etikett gestalten, wobei das Grundprodukt immer gleich bleibt.

---

[26] Vgl. Piller (2000), S.256
[27] Vgl. Piller (2002), S.19

Abbildung 7: deinSekt.de Logo
Quelle: http://www.deinsekt.de

4.3.2 Hard Customization

Hard Customization, auch geschlossene Individualisierung genannt, hat im Gegensatz zur offenen Individualisierung ihren Ursprung im Fertigungsbereich. Dies setzt eine Interaktion zwischen Hersteller und Abnehmer voraus, da die Individualisierung primär in der Produktion vollzogen wird. Hard Customization bietet weitaus mehr Möglichkeiten zur Variation der Leistung und jedes gefertigte Produkt lässt sich daher genau einem Kundenauftrag zuordnen. Die geschlossene Individualisierung kann unterteilt werden in Individuelle End-/ Vorproduktion mit standardisierter Restfertigung, Modularisierung nach dem Baukastenprinzip und die massenhafte Fertigung von Unikaten.[28] Die Einführung einer Hard Customization Produktion erfordert daher eine völlige Revision der Geschäftsprozesse im Unternehmen und stellt den Verkauf an den Anfang der Wertschöpfungskette.[29]

Die **individuelle End-/ Vorproduktion mit standardisierter Restfertigung** setzt eine Aufteilung des Produktionsprozesses in einen kundenspezifischen und einen auftragsneutralen Teil voraus. Dieser auftragsneutrale Teil sollte aus Effizienzgründen überwiegen damit die die Verwirklichung der Kostenoption der Mass Customization durch entsprechende Economies of Scale erreicht werden kann. Durch die unmittelbare Interaktion mit dem Kunden, wird der individuelle Teil der Produktion realisiert.[30]

Beispielhaft für den **Endfertigungsansatz** ist der Anbieter für individuelle T-Shirts Spreadshirt aus Leipzig welcher bereits seit 2002 einen Onlineshop mit Konfigurationsmöglichkeit betreibt.[31] Die T-Shirts werden standardisiert vorgefertigt und der individuelle Teil der Produktion findet erst in der Endproduktion statt. Die Interaktion

---

[28] Vgl. Piller (2000), S. 250
[29] Vgl. Reinhart (2003), S. 377
[30] Piller (2000), S. 256ff.
[31] Wirth (2009)

zwischen Hersteller und Kunde bestimmt lediglich den Aufdruck der T-Shirts in der Endfertigung.

Abbildung 8: T-Shirt Konfigurator von Spreadshirt.de
Quelle: http://www.spreadshirt.de

Ein Beispiel für die **kundenindividuelle Vorfertigung mit anschließender standardisierter Restfertigung** ist das Unternehmen Hemdwerk, welches individuelle Maßhemden anbietet. Die Individualisierung erfolgt hier auf der ersten Fertigungsstufe, da als erstes alle Körpermaße in den Konfigurator eingegeben werden müssen. Dadurch besitzt diese Alternative ein höheres Individualisierungspotential. Die einzelnen Stoffteile werden kundenspezifisch zugeschnitten und anschließend standardisiert zusammengesetzt.

Abbildung 9: Eingabe aller Körpermaße für die Produktion von einem Maßhemd
Quelle: http://www.hemdwerk.de

Das am häufigsten praktizierte Mass Customization Konzept ist die **Modularisierung der Leistung nach dem Baukastensystem**, welches auch das leistungsfähigste Konzept darstellt. Die Auswahl der Produktkomponenten ist vollständig standardisiert, woraus das kundenspezifische Endprodukt zusammengestellt wird. Der Vorteil dieses Konzepts liegt in der Transparenz und der Übersichtlichkeit der Wahlmöglichkeiten. Diese Komplexitätsreduktion und der modulare Aufbau auf der Herstellerseite erleichtern den Produktionsvorgang und senken den Aufwand zur Koordination der betrieblichen Abläufe.[32]

Am Beispiel von Chocri, dem Hersteller für individuelle Schokolade nach dem modularen Baukastensystem, wird die geringere interne Varietät mit einer hohen äußeren Varietät deutlich sichtbar. Das Unternehmen Chocri bietet 4 Grundsorten Schokolade an, welche mit

---

[32] Vgl. Piller (2000), S. 259ff.

ca. 90 Zutaten mit bis zu 5 Wahlmöglichkeiten pro Schokoladentafel kombiniert werden können. Dies ergibt dann eine äußere Varietät von über 10 Milliarden Kombinationsmöglichkeiten.[33]

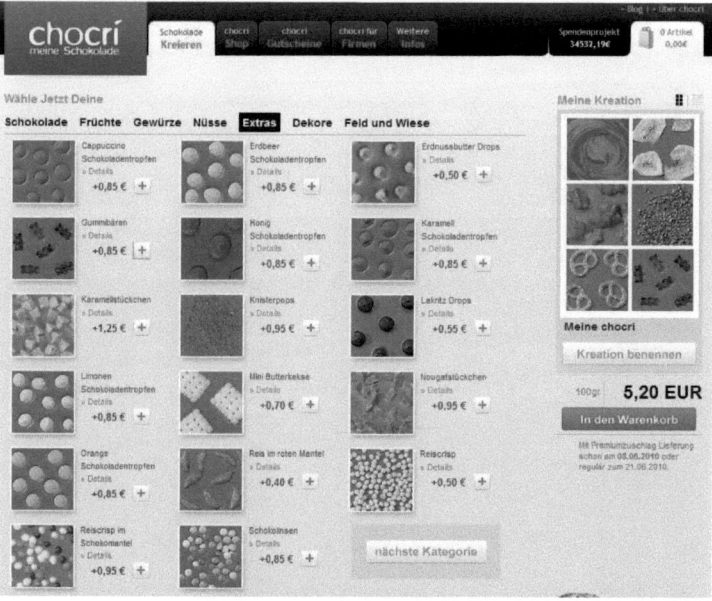

Abbildung 10: Modulares Baukastensystem von Chocri – individuelle Schokolade
Quelle: http://www.chocri.de

Vorreiter dieses Systems ist die Computerindustrie, wobei fast jeder namhafte Hersteller einen Onlineshop mit Konfigurationsmöglichkeit anbietet.[34] Der Computerhersteller Dell praktiziert dieses Konzept sowohl für Privatkunden als auch für Geschäftskunden mit firmenspezifischer Software und erzielt dadurch enorme Kosteneinsparung in Produktion und Logistik, da die Computer erst nach einer konkreten Bestellung gefertigt werden und dadurch der Lagerbestand gering gehalten werden kann.[35]

Die **massenhafte Fertigung von Unikaten** ist die Mass Customization Konzeption mit dem höchsten Grad an Individualität.[36] Diese Fertigungsmethode bietet eine kundenindividuelle Fertigung über die gesamte Wertschöpfungskette hinweg und lässt sich aber trotzdem noch von der klassischen Einzelfertigung abgrenzen. Für ein Kostenniveau welches ungefähr

---

[33] Pressemitteilung Chocri, http://www.chocri.de
[34] Vgl. Piller (2002), S. 21
[35] Becker (2006), S. 643ff.
[36] Vgl. Piller (2000), S. 265

vergleichbar ist mit Standartprodukten sorgen standardisierte Prozesse im Gegensatz zur Einzelfertigung und der Einsatz von modernen Fertigungstechnologien.[37] Die Interaktion mit dem Kunden nimmt bei der massenhaften Fertigung von Unikaten eine sehr wichtige Rolle ein. Vor dem Fertigungsbeginn muss eine individuelle Produktspezifikation entworfen werden, da nach dem Beginn der Produktion meist keine Änderungen und Anpassungen mehr möglich sind, was auch aus Kostengründen im Gegensatz zur Einzelfertigung notwendig ist.[38] Aufgrund der Kostenrestriktionen ist die massenhafte Fertigung von Unikaten auch sicherlich das am schwiergsten umzusetzende Mass Customization Konzept. Das Unternehmen *myVale* bietet den Kunden individuelle Sandalen in ihren Onlineshop an. Nach der Bestellung und der Auswahl des Designs der Sandalen bekommt der Kunde eine *myVale Footprint-Box* zugeschickt, womit der Kunden von beiden Füßen einen Abdruck in einen speziellen Schaum anfertigt. Nach dem Zurücksenden der Box wird dann die Sandale genau nach den spezifischen Maßen der Kunden angefertigt.[39] Dieses Beispiel für die Herstellung von Unikaten zeigt deutlich die Vereinfachung der Abstimmung des Produktionsprozesses und die gelungene Realisierung dieses Mass Customization Konzeptes.

Abbildung 11: Footprint-Box zur massenhaften Herstellung von Unikaten
Quelle: http://www.myvale.de

5 Vor- und Nachteile von Mass Customization Konzepten

In diesem Kapitel werden die Vor- und Nachteile des Mass Customization Konzeptes sowohl aus Unternehmersicht wie auch aus dem Blickwinkel der Kunden erläutert.

---

[37] Vgl. Piller (2002), S.21
[38] Vgl. Piller (2000), S.266
[39] Vgl. http://www.myvale.de

5.1 Vorteile

Wenn die Vorraussetzungen einer klaren Strategie und einer konsequenten Umsetzung gegeben sind, kann Mass Customization maßgebliche kommerzielle Vorteile für das produzierende Unternehmen bringen.[40] Die individuelle Fertigung ermöglicht den Anbietern den Preis der Leistung über den eines konkurrierenden Produktes zu setzen ohne sofort einen Nachfragerückgang zu befürchten. Somit bietet Mass Customization auch die Chance sich dem Preiswettbewerb der standardisierten Produkte zu entziehen.[41] Weiterhin ergeben sich aus der Produktion auf Bestellung Effizienzvorteile wie bessere Planungsbedingungen, Abbau des Trendrisikos und der Rückgang der Distributionslagerhaltung.[42] Die persönliche Interaktion zwischen Hersteller und Kunde ermöglichst es ebenso eine langfristige Kundenbeziehung aufzubauen um auch in Zukunft besser auf die Kundenwünsche eingehen zu können.[43]

Die Vorteile auf der Kundenseite sind einerseits auf der psychologischen Ebene, die Abgrenzung von der Masse durch ein individuelles Produkt. Der Kunde kauft etwas Besonderes das genau auf seine Bedürfnisse abgestimmt ist und auch die Ausrichtung auf besondere Nischenprodukte kann als Vorteil für die Kunden angeführt werden. Dadurch können Allergiker sich beispielsweise Lebensmittel nur mit den erwünschen Zutaten zusammenstellen oder Personen mit besonderen Körperformen sich passgenaue Kleidungsstücke kreieren. Der Grundnutzen von Standardprodukten wird somit durch den Zusatznutzen der Individualität erweitert.[44]

5.2 Nachteile

Während Start-Up Unternehmen sich von Beginn an auf Mass Customization ausrichten, ist die Umstellung in bereits existierenden Unternehmen mit einem höheren Aufwand verbunden. Besonders hoch ist der Aufwand in Forschung und Entwicklung. Auch wenn der Kunde die freie Wahl hat, kann im Vorfeld nicht auf die Marktforschung verzichtet werden. Die Entscheidung welche Produktbestandteile, in welcher Menge und Spezifikation angeboten werden, wird dem Unternehmen nicht vom Kunden abgenommen. Dafür ist eine auftragsunabhängige Planung mit den klassischen Instrumenten notwendig.[45] Die Gestaltung der Vertriebswege gehört ebenfalls zu den Herausforderungen des Mass Customization

---

[40] Vgl. Dörflinger (2001), S.88
[41] Vgl. Piller (2002), S.13
[42] Vgl. Piller (2000), S.209
[43] Vgl. Piller (2002), S.14
[44] Vgl. Oberhofer (2010)
[45] Piller (2002), S. 16

Konzeptes, weil diese nicht ohne spezielle Anpassungsmaßnahmen vertrieben werden können. Die Einrichtung eines Onlineshops mit Konfigurationsmöglichkeit setzt eine gewissenhafte Planung voraus und ist meist aufgrund der Spezifikation mit hohen Kosten verbunden. Diese Variante des Direktvertriebs ist ebenfalls mit einer präzisen Logistikplanung verbunden.[46]

Die Nachteile auf der Kundenseite ergeben sich meist aus der eigentlich gewünschten großen Auswahl. Diese kann den Kunden auch überfordern und führt dann zur Ratlosigkeit während des Gestaltungsprozesses. Auch das Risiko der Unzufriedenheit mit dem bestellten Produkt ist nicht zu unterschätzen, da der Kunde in einigen Fällen schlicht einfach nicht mehr selbst entscheiden kann ob die Konfigurationsmöglichkeiten auch zusammen passen. Beispielsweise könnte man sich eine Teemischung bestellen, bei der die Zutaten gar nicht miteinander harmonieren. Dieses Risiko trägt dann der Kunde selbst, da nach § 312d Absatz 4 BGB eindeutig geregelt ist, dass ein Widerrufsrecht bei Waren, die nach Kundenspezifikation angefertigt wurden oder eindeutig auf die persönlichen Bedürfnisse zugeschnitten sind, nicht besteht.[47] Die Nachteile der Kundenseite sind natürlich auch Nachteile des Unternehmens, welches diese möglichst eingrenzen oder vermeiden sollte.

6 Fazit und Ausblick

Mass Customization als Fertigungsmethode und Managementansatz bei dem ein Produkt oder eine Leistung vom Kunden individualisiert und dennoch zu Preisen eines vergleichbaren Standardproduktes angeboten werden kann, wird zunehmend in die Wertschöpfungsketten der Unternehmen integriert und bietet noch Wachstumschancen für die Zukunft.[48] Dieser „Spagat" zwischen niedrigen Herstellungskosten und Kundenbezogenheit schien früher unmöglich. Heute sorgen die Informations- und Kommunikationstechnologien dafür, dass diese Produkte den Kunden in großer Zahl angeboten werden können und das Potential der modernen Produktionstechnologien ausgeschöpft werden kann. Dabei zählt vor allem der langfristige Zusatznutzen der individuellen Produkte, da die Kunden auch nur für eine Leistung zahlen, die ihnen auch einen unmittelbaren Nutzen stiftet.[49]

Mass Customization wird nicht den Fertigungsansatz der Massenfertigung ablösen, sondern diesen lediglich um Individualität ergänzen. Der Aspekt der Kundenbindung und Einbeziehung in den Produktionsprozess besitzt ebenfalls noch großes Potential und kann

---

[46] Vgl. Oberhofer (2010)
[47] Vgl. BGB (2008), S.67
[48] Vgl. o.V.(2009), BtoC E-Commerce
[49] Vgl. Oberhofer (2010)

beispielsweise mit dem „Open Innovation Konzept" weiter ausgebaut werden. Dies wird auch schon von einigen Mass Customization Anbietern praktiziert und bedeutet, dass der Innovationsprozess ausgelagert wird und die Kunden aktiv in die Unternehmensprozesse eingebunden werden. Die Kunden werden dazu angeregt einen Beitrag zu Problemlösungen oder Produktinnovationen zu leisten.[50] Das Unternehmen Chocri hatte beispielsweise die Schokoladenverpackung und sogar den Preis der Schokolade in ihrem Blog zur Diskussion gestellt und konstruktive Beiträge der Kunden wurden mit reichlich Schokolade belohnt.[51]

Als Erfolgskriterium zählt also das Nutzungserlebnis, das durch das Innovationserlebnis ergänzt wird und bietet für viele Branchen noch großes Potential zur Schaffung von Wettbewerbsvorteilen.[52]

---

[50] Vgl. Meffert (2008), S.302
[51] Vgl. Tönnesmann (2009)
[52] Vgl. Piller (2002), S. 25

7 Quellenverzeichnis

Literatur:

Anderson (2009), The Long Tail- Nischenprodukte statt Massenmarkt, München.

BGB (2008), Bürgerliches Gesetzbuch, 62. Auflage, München.

Becker (2006), Marketing- Konzeption –Grundlagen des Zielstrategischen und operativen Marketing Management, 8.Auflage, München.

Davis (1987), Below-replacement fertility in industrial societies – causes, consequences, policies, Cambridge University Press.

Duden (1990), Das Fremdwörterbuch, 5. Auflage, Mannheim.

Meffert (2008), Marketing – Grundlagen marktorientierter Unternehmensführung, 10.Auflage, Wiesbaden

Piller (2000), Mass Customization – ein wettbewerbsstrategisches Konzept im Informationszeitalter, Wiesbaden.

Pine (1994), Maßgeschneiderte Massenfertigung – Neue Dimensionen im Wettbewerb, Boston.

Reinhart/ Zäh (2003), Marktchance Individualisierung, Berlin Heidelberg.

Internetquellen:

Dörflinger (2001), Mass Customization – Neue Potentiale durch kundenindividuelle Massenproduktion, verfügbar unter: http://www.perspectix.com/pdf/MassCustomization_iom.pdf, 26.05.2010

Oberhofer (2010), Mass Customization: Der Kunde gestaltet sein eigenes Produkt, verfügbar unter: http://www.tim.rwth-aachen.de/download/press/2010-02_business_wissen_-_geschaeftsmodell_mc.pdf

o.V. (2009): BtoC-E-Commerce wird von Deutschland angeführt, verfügbar unter: http://www.absatzwirtschaft.de/Content/emarket/news/_b=68064,_p=1003186,_t=fthighlight, highlightkey=mass+customization, 26.05.2010

o.V. (2010), Wandel der Groß-Konzerne, verfügbar unter: http://egoo.de/wandel-der-gros-konzerne.html, 11.03.2010

Piller (2002): Mass Customization, in: Albers/ Herrmann (2002) Handbuch für Produktmanagement, Wiesbaden, verfügbar unter: http://www.mass-customization.de/download/pil2002-9.pdf , 26.05.2010

Tönnesmann (2009): Studenten siegen mit Schokolade nach Maß, verfügbar unter: http://www.wiwo.de/management-erfolg/studenten-siegen-mit-schokolade-nach-mass-408636/, 26.05.2010

Wirth (2009), Mass Customization - Individuelle Massenware kommt aus dem Internet, verfügbar unter: http://www.welt.de/wirtschaft/article4625748/Individuelle-Massenware-kommt-aus-dem-Internet.html, 26.05.2010